AF166039

Vorrei che da qualche parte ci fosse qualcuno ad aspettarmi

· · · · · · · · · · · · · ·

ANNA GAVALDA

ANALISI DEL LIBRO

Scritto da Marie Giraud-Claude-Lafontaine
Tradotto da Sara Rossi

Vorrei che da qualche parte ci fosse qualcuno ad aspettarmi

ANNA GAVALDA

La conoscenza a portata di mano!

MUST READ

www.50minutes.com

Ripassate i vostri argomenti preferiti
con i nostri titoli pratici

ANNA GAVALDA

SCRITTRICE FRANCESE

- **Nata a Boulogne-Billancourt (Francia) nel 1970**
- **Opere degne di nota:**
    - *Qualcuno che ho amato* (2002), romanzo
    - *95 libbre di speranza* (2002), romanzo
    - *Caccia e raccolta* (2004), romanzo

Anna Gavalda è cresciuta nella regione dell'Eure-et-Loir, nel nord della Francia, e ha conseguito un master in letteratura presso l'Università Sorbona di Parigi. Divorziata e con due figli, ha avuto una carriera variegata nel corso degli anni, lavorando come insegnante di francese, assistente veterinaria e opinionista di riviste ad intervalli diversi. Nel 1992 ha vinto il concorso France Inter per la più bella lettera d'amore e ha iniziato a cercare di farsi pubblicare dopo aver vinto anche diversi concorsi per racconti. Il suo primo lavoro pubblicato è una raccolta di racconti intitolata *I Wish Someone Were Waiting for Me Somewhere (Vorrei che da qualche parte ci fosse qualcuno ad aspettarmi)*, uscita per la prima volta nel 1999 e vincitrice del Grand Prix RTL-Lire. Questo è stato solo l'inizio di una carriera di grande successo che ha portato anche all'adattamento cinematografico di due suoi romanzi (*Someone I Loved*, 2002, e *Hunting and Gathering*, 2004).

VORREI CHE DA QUALCHE PARTE CI FOSSE QUALCUNO AD ASPETTARMI

LE LOTTE DELLA VITA QUOTIDIANA

- **Genere:** raccolta di racconti
- **Edizione di riferimento:** Gavalda, A. (2003) *Vorrei che da qualche parte ci fosse qualcuno ad aspettarmi*. Trans. Marker, K. L. New York: Penguin.
- **1ª edizione:** 1999
- **Temi:** amore, vita quotidiana, morte, speranza

Ognuno dei 12 racconti di questa raccolta ritrae uno spaccato di vita. Sebbene alcune storie siano più dinamiche di altre, sono tutte profondamente commoventi ed esplorano i modi in cui la speranza di felicità può essere vanificata sia da immense tragedie sia dagli aspetti più banali della vita quotidiana. Gavalda ha il dono di creare personaggi che sono persone normali che vivono vite normali (anche se non sono mai noiose), per poi farli uscire dalla loro zona di comfort e guidarli verso un destino inaspettato. In questo modo, riesce a ritrarre il lato sensibile dell'umanità in un modo in cui i lettori possono identificarsi profondamente.

SINTESI

In questa sezione, ciascuno dei 12 racconti della raccolta è stato brevemente riassunto. Sebbene la raccolta copra un'ampia gamma di argomenti, la maggior parte dei racconti si concentra sui temi dell'amore, della vita quotidiana o su una combinazione dei due.

RITUALI DI CORTEGGIAMENTO DI SAINT-GERMAIN-DES-PRÉS

Una giovane donna incontra per caso un uomo affascinante sul Boulevard Saint-Germain a Parigi, che le chiede di cenare con lui. Accettano di incontrarsi in un piccolo ristorante quella sera e tutto sembra andare alla perfezione finché non squilla il telefono dell'uomo. L'uomo è abbastanza educato da ignorarlo in quel momento, ma quando hanno finito di mangiare e tutto sembra far pensare che stia per nascere un'epica storia d'amore, l'uomo guarda di nascosto il telefono per vedere chi lo ha chiamato. Questo è un duro colpo per l'orgoglio della donna, che non può fare a meno di chiedersi perché lui sia così interessato al telefono piuttosto che a lei.

INCINTA

Dal momento in cui la protagonista di questo racconto si accorge di essere incinta, non riesce a pensare ad altro che al suo futuro bambino. Durante il sesto mese di gravidanza, si sottopone a un controllo medico di routine, durante il quale i medici scoprono che il feto è morto, il che significa che dovranno abortire. Sebbene sia sconvolta da questa notizia bomba, poco dopo assiste ad un matrimonio, dove una donna che non conosce le si avvicina sorridendo, le mette le mani sul ventre ancora gonfio e le chiede: "Posso? Dicono che porti fortuna" (p. 30).

QUEST'UOMO E QUESTA DONNA

Una coppia benestante sta guidando un'auto sportiva verso la casa di campagna; la loro vita sembra del tutto idilliaca, ma entrambi sono presi dai loro pensieri e non scambiano una sola parola. L'uomo è infastidito perché il tergicristallo non funziona bene, poi i suoi pensieri si rivolgono alla sua formosa segretaria, ai lavori di ristrutturazione della casa di campagna e agli indisciplinati custodi che se ne occupano. Nel frattempo, la donna pensa al fatto che non è mai riuscita ad avere figli e al bel vestito che ha visto in una vetrina. Per loro la vita è lunga, senza amore e noiosa.

IL TOCCO OPEL

Marianne è una studentessa di un sobborgo parigino e lavora part-time in un negozio di abbigliamento. È single e la sua vita comincia ad essere un po' monotona a causa della mancanza di romanticismo. Una sera va in un bar con alcuni amici e la mancanza di emozioni nella sua vita inizia a preoccuparla seriamente. Viene avvicinata da un uomo scortese che continua a fissarle il petto, il che la spinge a lasciare il bar in lacrime e a chiamare la sorella, che viene a prenderla in macchina. Mentre si trovano nel parcheggio del bar, vedono un uomo che conoscevano e che avevano soprannominato

"Teflon Pan" perché non voleva mai rimanere. Quando vedono che ora è l'orgoglioso proprietario di una Opel Touch personalizzata, scoppiano a ridere. Marianne si confida poi con la sorella sul suo irrefrenabile desiderio d'amore, e la sorella risponde: "Oh beh, ormai siamo in alto mare" (p. 46).

AMBER

Un cantante popolare che passa tutto il tempo a drogarsi e ad avere storie di una notte incontra e si innamora di una giovane fotografa di nome Amber, che lo ha raggiunto in tournée per fotografarlo sul palco. Dopo i concerti, lei gli mostra le foto che ha scattato, in cui le uniche parti di lui che si vedono sono le mani:

> "Le mie mani sulle corde della chitarra, le mie mani intorno al microfono, [...] le mie mani che tengono una sigaretta, le mie mani che mi toccano il viso, le mie mani che firmano autografi, le mie mani febbricitanti, le mie mani che implorano, le mie mani che lanciano baci, e anche le mie mani che sparano in alto. Mani grandi e sottili con vene come piccoli fiumi. [...] 'Ho preso le tue mani perché è l'unica cosa di te che non sta cadendo a pezzi'". (pp. 56-57)

LASCIARE

Un glovane torna a casa in licenza dall'esercito per il suo compleanno e si riunisce al fratello Marc, i cui successi hanno sempre messo in ombra i suoi. Quando erano più giovani, avevano partecipato a un corso di vela insieme, e il protagonista ricorda perfettamente tutto di Marie, la fidanzata di Marc, perché in realtà ne è perdutamente innamorato. Mentre la serata si avvicina e tutti si ubriacano sempre di più, i due fratelli si sfidano a una partita di biliardino, con un colpo di scena: chi vince la partita vince anche Marie. Marc vince e il fratello è sconvolto. Rimane in salotto, con l'intenzione di dormirci, e sente un rumore più tardi nella notte: è Marie, con indosso solo carta da regalo, che ha deciso di essere il suo regalo di compleanno.

STORIA PRINCIPALE

Nove persone sono morte e decine sono rimaste ferite in un incidente d'auto causato da un uomo che ha fatto retromarcia in autostrada per tornare a un'uscita che aveva mancato. Quest'uomo è anche la voce narrante della storia; è sposato con figli e, a causa del suo lavoro, è costretto a passare gran parte della giornata in strada. Quando si rende conto di essere responsabile dell'incidente, confessa tutto alla moglie, che gli proibisce di costituirsi. Passa quindi la notte a scrivere sull'incidente nel tentativo di schiarirsi le idee e di farsi un'idea più precisa dell'accaduto.

CATGUT

Una veterinaria che si è da poco trasferita in una zona rurale della Normandia è costretta ad affrontare quotidianamente il sessismo della gente del posto. Una notte, riceve una chiamata d'emergenza che si rivela uno scherzo: un gruppo di uomini ubriachi la sta aspettando e viene brutalmente violentata in gruppo da loro. Quando hanno finito, li addormenta con un cocktail di brandy alla prugna e ketamina, poi li castra tutti a turno e innesta i testicoli dell'uomo più violento sulla pelle appena sopra il pomo d'Adamo. Il giorno dopo, lascia i cani al vicino e aspetta a casa la polizia.

JUNIOR

Alexander Devermont, meglio conosciuto come Junior, vive la vita affascinante di chi è nato nel lusso. L'estate successiva al compimento dei 20 anni, incontra e fa amicizia con Franck, il cui padre è un ricco agricoltore. Entrambi sono invitati a una festa per tutti i giovani più eleganti della zona, ma non possiedono un'auto che considerano adatta all'occasione. Dopo una lunga discussione, Franck riesce a convincere Alexander a prendere in prestito la Jaguar del padre senza autorizzazione. Al ritorno dalla festa, i due giovani, entrambi alticci, vedono un enorme cinghiale sulla strada. Credendolo morto, decidono di portarlo a casa con loro e lo trasportano sul sedile posteriore dell'auto, ma il cinghiale era solo svenuto e, al suo risveglio, inizia a distruggere l'auto sportiva. Franck chiama i vigili del fuoco, che arrivano subito sul posto e usano un bazooka per uccidere l'animale impazzito, distruggendo nel frattempo ciò che resta della Jaguar. La storia finirà probabilmente sulle prime pagine di tutti i giornali locali e sarà un duro colpo per il padre di Junior, che è un fervente sostenitore della caccia e sembrava essere sul punto di ottenere una grande vittoria contro il partito dei Verdi, che vogliono istituire un parco naturale nella zona. In effetti, è probabile che si tratti di una tale catastrofe che i due ragazzi iniziano a considerare il relitto fumante in mezzo alla strada come un problema relativamente minore.

PER ANNI

Nonostante sia felicemente sposato con due figli e abbia una carriera di successo, l'uomo al centro di questa storia è stato

perseguitato dal ricordo della donna di cui si era perdutamente innamorato quando era più giovane per gli ultimi 26
anni. Un giorno riceve una telefonata da lei, che gli dice di
volerlo vedere perché non le resta molto da vivere. Si incon-
trano in una sinistra cittadina e si rendono conto di essere
ancora profondamente innamorati l'uno dell'altra, ma sono
anche sopraffatti dalla disperazione perché sanno che il loro
amore è impotente di fronte alla morte, che presto li
separerà.

CLIC-CLAC

Olivier vive in un appartamento a Parigi con le sue due sorelle
ed è infatuato della sua collega Sarah Briot. Una sera, lui e le
sue sorelle organizzano una festa a casa loro, quando una
delle sorelle inizia a fare una scenata dopo aver trovato della
lingerie nella sua stanza, che aveva comprato nella speranza
di poterla regalare un giorno a Sarah. Dopo aver mostrato la
lingerie a tutti gli invitati, Olivier si sente umiliato e decide di
andarsene, e Sarah viene a trovarlo poco dopo. Mentre sono
seduti insieme sul Clic-Clac appena acquistato da Olivier,
quest'ultimo inizia a pensare a come non sa come dispie-
garlo e a come le sue sorelle lo prenderebbero in giro se
potessero vederlo in questo momento. Questo pensiero fa
sorridere Olivier e Sarah sceglie quel momento per baciarlo.

EPILOGO

Un'aspirante scrittrice sottopone i suoi racconti a un editore
con sede a Parigi, che qualche mese dopo la invita nella sede
della casa editrice. Quando arriva, si rende conto che l'autore
voleva incontrarla solo per curiosità e non ha alcuna

intenzione di pubblicare il suo lavoro. Le sue speranze si infrangono, l'aspirante scrittrice è talmente sopraffatta dall'emozione che la sua vita si blocca momentaneamente, per poi tornare alla normalità poco dopo.

STUDIO DEL CARATTERE

RITUALI DI CORTEGGIAMENTO DI SAINT-GERMAIN-DES-PRÉS

La narratrice di questo racconto è una giovane donna i cui tratti attraenti attirano spesso l'attenzione: "Le mie gambe sono nel corridoio. Sono molto lunghe. Il corridoio è un po' stretto e la mia gonna è molto corta" (p. 7) e l'uomo che incontra durante il racconto è momentaneamente distratto dalla "morbidezza del [suo] seno" (p. 9). Sembra essere abbastanza mondana ed è in grado di reggere il confronto con l'uomo per strada: "È un po' troppo veloce, non credi?". (p. 3). Il suo sagace commento interiore sull'esperienza stranamente romantica che sta vivendo è a suo modo affascinante e divertente, e preferisce frequentare i bar dove si può giocare d'azzardo alle trappole per turisti della zona in cui vive. Inoltre, è appassionata di vini pregiati e sa riconoscere a colpo d'occhio se un capo d'abbigliamento le sta bene o meno. Tuttavia, alla fine della storia è chiaro che la sua caratteristica distintiva è l'orgoglio, di cui è perfettamente consapevole: dichiara addirittura "Odio il mio orgoglio" (p. 14).

INCINTA

L'eroina di questa storia è una donna al settimo cielo quando scopre di essere incinta del suo secondo figlio. La sua vita inizia subito a ruotare intorno al pensiero del futuro figlio, ma il suo mondo crolla quando riceve la terribile notizia che il feto è morto. Tuttavia, dimostra un grande coraggio, sia di fronte a questa tragedia che durante il matrimonio a cui partecipa poco dopo, come commenta il suo medico: "Ammiro la sua compostezza" (p. 29).

QUEST'UOMO E QUESTA DONNA

Il protagonista è irritato dai più piccoli dettagli, come le tasse che deve pagare per la sua auto dal costo esorbitante, il liquido dei tergicristalli che non funziona correttamente e le carenze dei custodi che si occupano della sua casa di campagna. Questo dimostra al lettore che non riesce più a trovare piacere in nulla.

Nel frattempo, la donna vive chiaramente in uno stato di noia perpetua: "Nel suo volto si possono leggere tutte le cose a cui ha rinunciato nella vita" (p. 33). Sa che il marito non la ama ed è devastata dal fatto di non essere mai riuscita ad avere figli. A differenza del marito, riesce a trovare piacere solo nelle piccole cose della vita, come quando pensa a un vestito elegante che ha visto di recente in una vetrina.

IL TOCCO OPEL

Marianna è una studentessa di giurisprudenza e già teme la vita che farà una volta terminata la laurea: "Anni e anni di diritto civile, di diritto penale, di corsi, di articoli, di paragrafi, di testi giuridici, e così via. E badate bene, tutto per una carriera che già mi annoia a morte" (p. 36). Niente è al riparo dalla sua lingua tagliente, e lei critica Melun (la città in cui vive), i suoi colleghi, una conoscente che le racconta frottole sul suo periodo negli Stati Uniti e l'uomo che la avvicina.

Tuttavia, è chiaro che a spingerla a sfogarsi non è la disperazione, ma piuttosto il suo zelo per la vita e il desiderio di amore.

AMBER

Una metà della futura coppia al centro di questa storia è un famoso cantante che trascorre il suo tempo indulgendo in ogni vizio immaginabile, e si rende conto di aver sprecato la sua vita quando ha 38 anni. Di natura è piuttosto scostante, fatica a controllare le proprie emozioni e non si preoccupa mai di cercare di impressionare gli altri: "Volevo rompere il collo a qualcuno perché dentro di me ribolliva tutto" (p. 53). D'altra parte, attribuisce pochissima importanza alle ricchezze materiali e nutre grande stima per i musicisti con cui lavora, con i quali condivide persino il suo tour bus.

Nel frattempo, Amber è una giovane fotografa freelance ed è amica della sorella di uno dei migliori amici del cantante. Ha la tendenza a passare in secondo piano: "Aveva un'aria sconsolata, camminava in punta di piedi" (p. 51). Tratta il cantante come una persona normale piuttosto che come una celebrità internazionale, e la sua sincerità e schiettezza lo conquistano, soprattutto quando gli sorride senza aspettarsi nulla in cambio e si rivolge a lui con gentilezza, anche se la maggior parte delle persone rinuncia alla formalità quando gli parla.

LASCIARE

I due fratelli di questa storia sono completamente opposti: il fratello maggiore, Marc, ha sempre avuto successo senza sforzo in tutto, mentre il fratello minore è del tutto irrilevante.

Tuttavia, è bene ricordare che l'intera storia è filtrata dal punto di vista del fratello minore, e la sua opinione su Marc potrebbe non essere del tutto obiettiva.

Marc è un autista straordinario, ha completato il servizio militare come ufficiale, ha superato la laurea in ingegneria a pieni voti e ottiene sempre tutto ciò che desidera, dal suo panino preferito nella carrozza ristorante al sorriso di una bella donna. Riesce sempre a capire se una persona o una cosa è "da bifolchi" (p. 62); in altre parole, ha un gusto molto raffinato. Tuttavia, Marie pensava che fosse un "esibizionista" (p. 72) quando erano più giovani.

I due fratelli non sembrano essere gelosi l'uno dell'altro: infatti, Marie commenta: "Hai sempre difeso tuo fratello" (*ibid.*) al narratore. Il protagonista ama Marc e crede semplicemente che abbia il dono di fare le cose senza sforzo. Tuttavia, la personalità del narratore è in netto contrasto con quella del fratello e, con la testa rasata e gli stivali da combattimento, ha l'aspetto di un fante di basso rango. Ha appena conseguito un diploma professionale all'età di 23 anni e preferisce il lavoro manuale allo studio. Tuttavia, è anche piuttosto introspettivo e quasi filosofico: "l'importante non è dove sei, ma lo stato d'animo in cui ti trovi" (p. 62).

STORIA PRINCIPALE

Il protagonista di questo racconto è un rappresentante di commercio, marito, padre e proprietario di casa che sembra condurre una vita comoda anche se monotona. Trova il suo tragitto quotidiano così frustrante che alla fine commette un errore fatale e fa retromarcia sull'autostrada per poter prendere un'uscita che non aveva notato. Così facendo, provoca un incidente devastante e si rende conto che sarà tormentato dal senso di colpa per le sue azioni per il resto della sua vita.

CATGUT

La veterinaria si è costruita una vita umile e solitaria in campagna. Tuttavia, dopo aver subito un brutale stupro di gruppo, usa le sue "grandi mani da battitore" (p. 96) per ferire anziché curare, e non mostra alcuna pietà per gli uomini che le hanno fatto del male. Mostra anche una notevole compostezza alla fine della storia, quando dice che probabilmente la polizia verrà ad arrestarla e che "spera solo che non usino la sirena" (p. 100).

JUNIOR

Alexander Devermont è figlio di un ricco uomo d'affari e ha sempre condotto una vita affascinante: "Cresciuto nel vuoto. Sapone al cento per cento e Colgate al fluoro, camicie di percalle a maniche corte e una fossetta sul mento" (p. 101). Comincia finalmente a scoprire tutte le sorprese che la vita gli riserva l'estate successiva al compimento dei 20 anni.

PER ANNI

Il narratore di questo racconto è un uomo sposato sulla quarantina che ama profondamente la moglie e i figli. Ha anche avuto una carriera di grande successo, grazie anche alla fortuna, ma ha sempre avuto la sensazione che la sua felicità fosse incompleta perché non è mai riuscito a dimenticare il suo primo amore.

CLIC-CLAC

Il protagonista di questa storia è Olivier, un contabile. È un uomo pragmatico, anche se la sua sensibilità estetica non è particolarmente raffinata, come si affretta a sottolineare una delle sue sorelle. Ha alcune tendenze piuttosto ossessive, come l'avversione per la rottura dei biscotti e il disagio di fronte ai cambiamenti, come quando la sorella più giovane si trasferisce.

Sarah Briot è una collega di Olivier. Egli ritiene che sia intelligente, che abbia una buona comprensione degli uomini e che sia così schietta da risultare talvolta scortese. Dice anche che "non è bella. È carina, e non è la stessa cosa. [...] Sarah Briot non è volgare, è affascinante" (pp. 139-141). L'infatuazione di Olivier per lei sconvolge la sua vita.

EPILOGO

Sebbene a Marguerite piaccia scrivere, non le piace che il marito abbia la tendenza a gridarlo dai tetti. Il suo sogno più grande è quello di veder pubblicata la sua opera, ma il suo manoscritto viene rifiutato al primo incontro con un editore. Dopo il colloquio, lo propone a una magnifica donna che non parla francese.

ANALISI

IL GENERE DEL RACCONTO BREVE

Sebbene i racconti siano stati raccontati per secoli, solo in tempi relativamente recenti sono stati gradualmente classificati come un genere a sé stante, anziché essere accomunati a romanzi e racconti. I racconti possono essere generalmente definiti come narrazioni brevi, veloci e realistiche. Sono simili ai romanzi, ma presentano meno personaggi e sottotrame: il punto focale è invece la trama principale e il finale è solitamente sorprendente. Possono essere scritti da una varietà di prospettive narrative diverse.

- La trama di un racconto breve è limitata in tre modi: in termini di tempo (la storia si svolge nell'arco di pochi giorni al massimo), di spazio (presenta pochissimi luoghi, di solito uno solo) e di azione (di solito può essere riassunta come un singolo evento chiave nella vita del protagonista). Ad esempio, *Leave* è il resoconto del compleanno del protagonista e descrive come si accorge di essere innamorato della ragazza del fratello quando torna a casa per festeggiarlo.

- Anche i racconti brevi sono solitamente caratterizzati da un finale sorprendente. Per esempio, in *Junior*, il lettore è portato ad aspettarsi un incidente d'auto, ma non avrebbe mai potuto immaginare che l'auto sarebbe stata distrutta dall'interno da un cinghiale arrabbiato. In queste circostanze, il protagonista passa dall'apparire piuttosto noioso a un ragazzo abbastanza simpatico che è finalmente sfuggito al giogo del padre dispotico.

- In questa raccolta vengono utilizzati molti stili narrativi diversi: *Rituali di corteggiamento di Saint-Germain-des-Prés* è scritto in prima persona, mentre *Incinta* utilizza una narrazione limitata in terza persona e *Quest'uomo e questa donna* presenta un narratore onnisciente in terza persona. Alcuni dei racconti, come *For Years*, hanno addirittura più narratori, il che permette al lettore di conoscere diversi personaggi e di vedere la situazione da una varietà di prospettive.

UNO SPACCATO DI VITA

Una lettera d'amore alla vita quotidiana

I personaggi di *Vorrei che da qualche parte ci fosse qualcuno ad aspettarmi* possono essere persone comuni, ma questo non rende le storie noiose o poco interessanti; al contrario, permette loro di dare al lettore una visione della natura umana. Queste storie esplorano la cruda realtà che spesso si nasconde sotto le facciate più affascinanti, e in particolare la nostra tendenza a seguire la folla per paura di scuotere la barca, che spesso porta all'insoddisfazione e alla noia. La vita di molti personaggi riflette la loro abitudine a conformarsi: hanno scelto corsi di studio noiosi, sono finiti in lavori mediocri o in relazioni senza amore, o sono diventati schiavi del materialismo. Questo realismo rende anche facile per il lettore mettersi nei panni dei personaggi e identificarsi con loro e con le situazioni che stanno vivendo, permettendogli di immaginare di essere parte della storia.

Il segreto del successo di Anna Gavalda

Tuttavia, Gavalda non sarebbe un'autrice di bestseller se si limitasse a scrivere della vita normale delle persone. Al contrario, la scrittrice getta i suoi personaggi in circostanze tragiche o comiche, che le permettono di aggiungere maggiore profondità alle loro personalità, trasformando ogni personaggio da un semplice stereotipo in un individuo unico.

Per farlo, Gavalda si affida principalmente a due elementi diversi: l'umorismo e l'amore.

- Il desiderio di amare e di essere amati è una potente risorsa narrativa, presente in quasi tutti i racconti della raccolta. Infatti, il titolo dell'antologia, tratto dal racconto *Congedo*, riflette questo aspetto: "Vorrei che da qualche parte ci fosse qualcuno ad aspettarmi. È chiedere così tanto?". (p. 64). Inoltre, nell'*Epilogo*, l'aspirante scrittrice osserva che la maggior parte del suo lavoro si concentra sull'amore.

- L'amore spesso spinge i personaggi a liberarsi dalla loro vita normale, dalla loro visione ristretta o dalla loro solitudine, ad esempio in *Il tocco Opel*, *Amber* e *Clic-Clac*.

- L'umorismo di queste storie deriva dall'astuta osservazione del mondo che li circonda, come si vede in *Rituali di corteggiamento di Saint-Germain-des-Prés*, *Il tocco Opel*, *Congedo* ed *Epilogo*. La loro acuta autoconsapevolezza permette loro di fare un passo indietro rispetto alla propria vita e di commentarla, cosa che viene spesso espressa attraverso osservazioni tra parentesi: "Beh, no, solo che ora non sono più in rue Eugene-Gonon (ho la mia dignità, dopotutto)" (p. 38).

UNO STILE VIVACE E PENETRANTE

Lo stile di scrittura di Gavalda è a tratti delicato e potente; è anche molto diretto, il che fa apparire i suoi personaggi ancora più realistici, e il suo frequente uso di riferimenti letterari attesta la sua consapevolezza della natura del proprio mestiere.

- **Realismo:** ogni racconto inizia *in medias res*, cioè il lettore viene immerso direttamente nell'azione. Ciò significa che deve utilizzare gli elementi inclusi nel racconto per ricostruire la situazione generale e dedurre ciò che sta accadendo.

- **Un registro informale:** la narrazione e il dialogo sono costantemente costellati da espressioni gergali e informali, che conferiscono alle emozioni e ai processi di pensiero dei personaggi una grande quantità di sfumature. Lo scrittore include spesso parolacce e interiezioni, oltre a una punteggiatura informale come ellissi e punti esclamativi.

- **Riferimenti letterari:** in particolare, i racconti *Rituali di corteggiamento di Saint-Germain-des-Prés* ed *Epilogo* fanno riferimento a due importanti scrittrici francesi, rispettivamente Françoise Sagan (1935-2004) e Marguerite Duras (1914-1996). Inoltre, nell'*Epilogo*, il narratore fa un'allusione ad *Atala* (1801), un romanzo di François-René de Chateaubriand (scrittore francese, 1768-1848). Nel frattempo, la giovane donna del treno in *congedo* legge un libro sulle formiche, presumibilmente di Bernard Werber (scrittore francese, nato nel 1961). Questi riferimenti aggiungono sapore al testo e sembrano servire sia ad aiutare che a impedire al libro di rivendicare un posto nella storia letteraria: facendo semplicemente riferimento ai classici della letteratura, Gavalda è in grado di associare la propria opera ad essi, pur distinguendoli. È come se Gavalda fosse consapevole che i suoi racconti non diventeranno dei classici, ma è comunque determinata a far sì che il suo lavoro si distingua dalla massa. Inoltre, *Rituali di corteggiamento di Saint-Germain-des-Prés*, il primo racconto della raccolta, mostra chiaramente che la scrittura di Gavalda dovrebbe essere classificata come letteratura piacevole da leggere e scrivere: "Voi amate questo genere di sciocchezze sentimentali […] So che vi piacciono. È perfettamente normale. Tuttavia, non si possono leggere romanzi di Arlecchino mentre si è seduti al Café Lipp o al Deux Magots" (pp. 1-2).

ULTERIORI RIFLESSIONI

ALCUNE DOMANDE SU CUI RIFLETTERE...

- Si dice che una volta l'editore Olivier Cohen abbia chiesto ad Anna Gavalda: "Le cose che scrivi non sono un po' semplici?", e che lei abbia risposto: "Ho un talento per la semplicità". Spiegate la risposta dell'autore, utilizzando questa raccolta per giustificare la vostra risposta.

- Cosa rende così umane le rappresentazioni dei personaggi di queste storie?

- Quali parti della collezione dimostrano che Gavalda ha un talento per l'osservazione?

- Qual è il suo racconto preferito della raccolta? Perché?

- Qual è il racconto che preferisce di meno nella raccolta? Perché?

- Con quale personaggio vi identificate di più? Perché?

- Due dei romanzi di Gavalda sono stati adattati in film. Pensa che anche questi racconti potrebbero essere adattati in questo modo? Perché o perché no?

- Quali sono le caratteristiche che definiscono un bestseller? Si applicano a *I Wish Someone Were Waiting for Me Somewhere*?

- Alcuni critici definiscono la letteratura romanzesca "sdolcinata" a causa dei cliché narrativi e stilistici che spesso la caratterizzano. Perché? Qual è la sua opinione in merito? Siete d'accordo?

- "L'amore è la nostra spada, l'umorismo il nostro scudo". Commentate questa citazione dal romanzo *L'Empire des Anges* (2000, "L'*impero degli angeli*") di Bernard Werber e discutete come si applica a questa raccolta.

ULTERIORI LETTURE

EDIZIONE DI RIFERIMENTO

Gavalda, A. (2003) *Vorrei che da qualche parte ci fosse qualcuno ad aspettarmi*. Trans. Marker, K. L. New York: Penguin.

STUDI DI RIFERIMENTO

Jourde, P. e Naulleau, E. (2004) *Le Jourde & Naulleau: Précis de littérature du xxie siècle, pour un pastiche, c'est du brutal!* Parigi: Mots & cie.

Peras, D. (2008) Anna Gavalda, la discreta. *L'Express*. [Online]. [Accessed 9 May 2018]. Disponibile da: < http://www.lexpress. fr/culture/livre/anna-gavalda-la-discrete_813789.html>

Vogliamo sapere da voi!
Lasciate un commento sulla vostra biblioteca online
e condividete i vostri libri preferiti sui social media!

Perché scegliere Must Read?

Scoprite tutto quello che c'è da sapere su
un libro, con i nostri riassunti e le nostre
analisi concise e approfondite!

**Scoprite il meglio della letteratura
sotto una luce completamente nuova!**

www.50minutes.com

Sebbene l'editore faccia ogni sforzo per verificare l'accuratezza delle informazioni pubblicate, 50minutes.com non si assume alcuna responsabilità per il contenuto di questo libro.

© 50minutes.com, 2023. Tutti i diritti riservati.

www.50minutes.com

Master ISBN: 9782808689830
ISBN cartaceo: 9782808611237
Deposito legale: D/2023/12603/1403

Copertura: © Primento

Concezione digitale a cura di Primento, il partner digitale degli editori.